Landau Eugene Murphy, Jr. THAT'S LIFE

ISBN 978-1-4584-2290-3

HAL•LEONARD®
CORPORATION
7777 W. BLUEMOUND RD. P.O. BOX 13819 MILWAUKEE, WI 53213

Visit Hal Leonard Online at
www.halleonard.com

AIN'T THAT A KICK IN THE HEAD

Words by SAMMY CAHN
Music by JAMES VAN HEUSEN

this is just the be - gin - ning, __ my life is gon - na be

be - au - ti - ful. __ I've sun - shine e - nough to spread. __

She's tell - ing me we'll be wed; __

__ It's just __ like the __ fel - la said, __ "Tell me quick, __

__ ain't __ love a kick __ in the head!" __

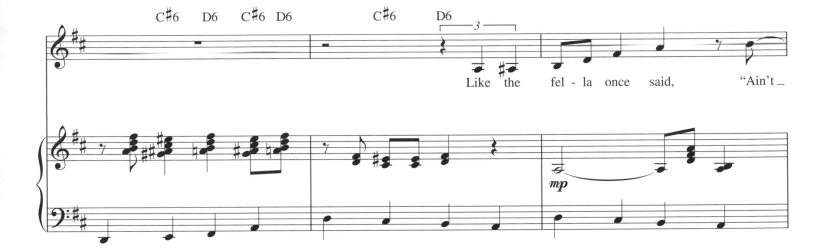

Like the fel - la once said, "Ain't

that a kick in the head!"

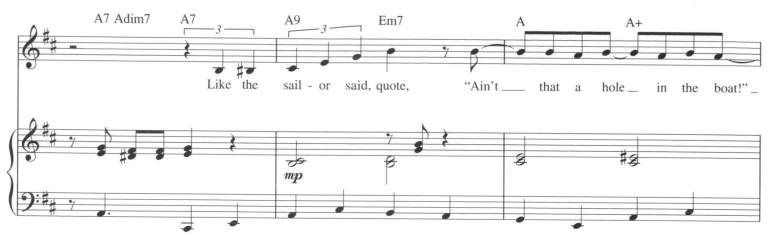

Like the sail-or said, quote, "Ain't ___ that a hole ___ in the boat!" ___

D.S. al Coda

My head keeps ___

CODA

she's picked out a king - size

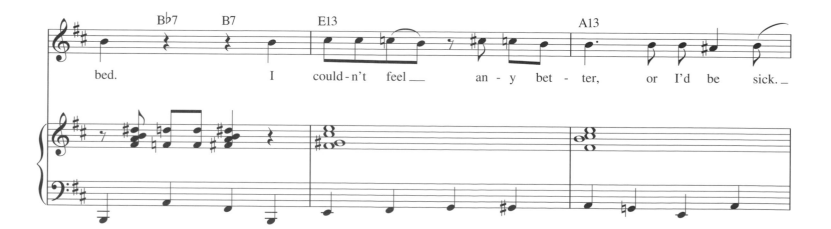

bed. I could-n't feel ___ an-y bet-ter, or I'd be sick. ___

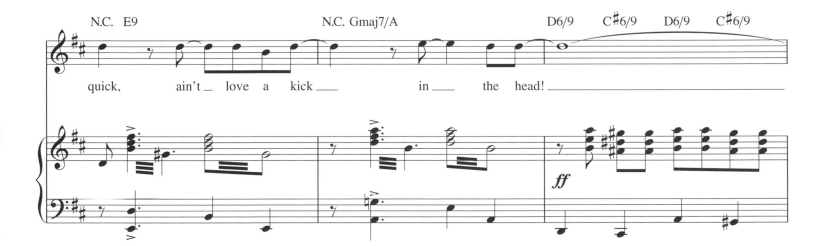

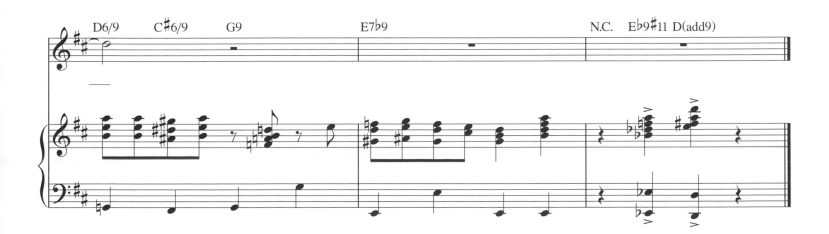

NIGHT AND DAY
from THE GAY DIVORCE

Words and Music by
COLE PORTER

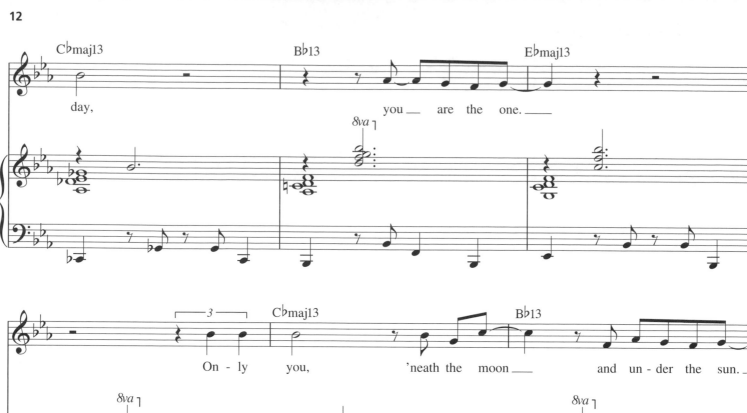

day, you are the one.

On - ly you, 'neath the moon and un - der the sun.

Wheth - er near to me or far,

it's no mat - ter, ba - by, where you are; I

think of you day and night.

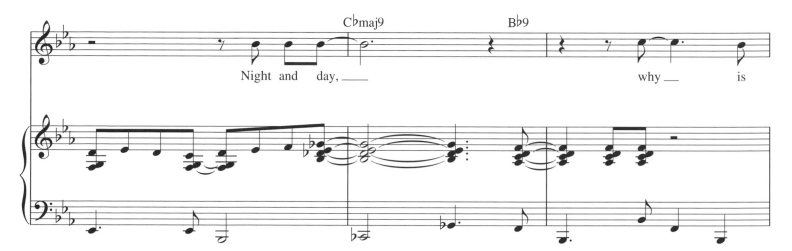

Night and day, why is

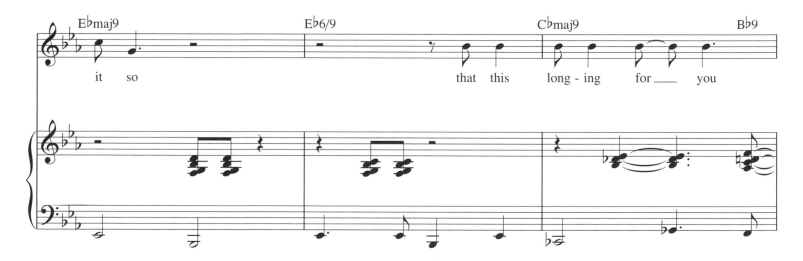

it so that this long-ing for you

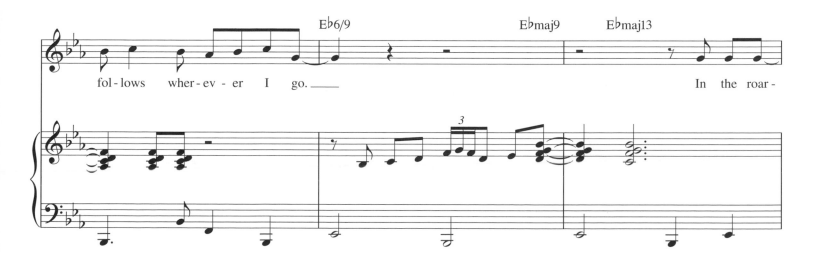

fol-lows wher-ev-er I go. In the roar-

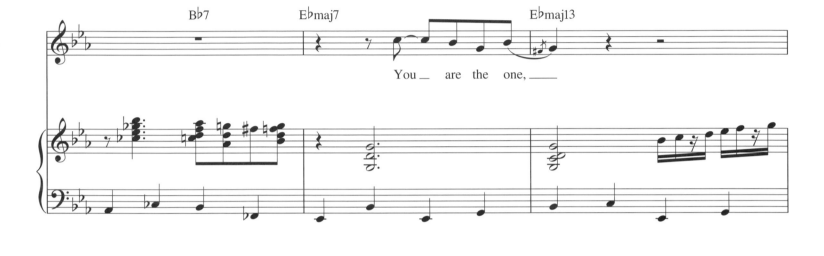

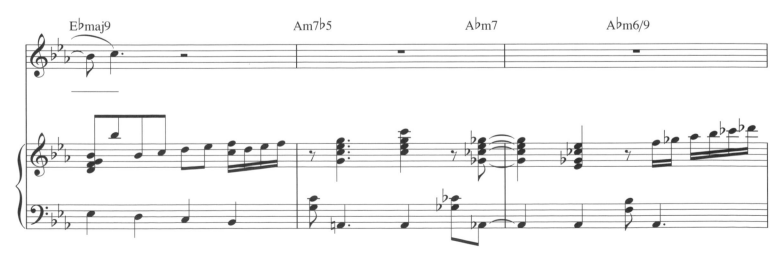

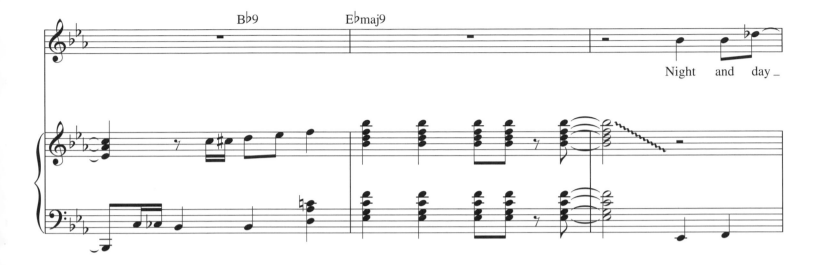

Night and day ___

___ un - der the hide ___ of me, ___

there's an, oh, ___ such a hun - gry yearn - ing burn - ing in -

WITCHCRAFT

Music by CY COLEMAN
Lyrics by CAROLYN LEIGH

though I ____ know ____ it's strict - ly ta - boo,

when you a - rouse the need __ in me,

my heart __ says, __ "Yes in - deed" __ in me. Pro - ceed with

what you're ____ lead - ing me ____ to.

It's such an an-cient pitch, __ but one __ I __ would-n't switch, 'cause there's no __ nic - er __ witch than

you.

'Cause it's _____ witch - craft, that __ wick - ed lit - tle witch - craft, and al - though I ____ know ____ __ it's strict - ly ta - boo,

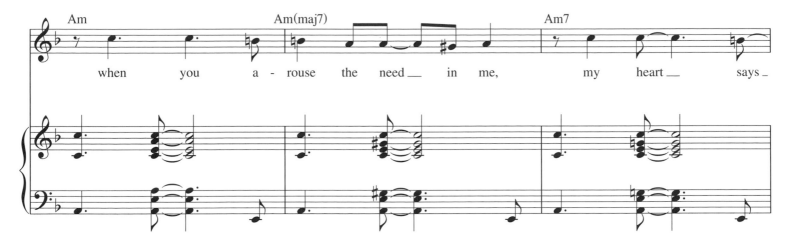

when you a - rouse the need __ in me, my heart __ says __

__ "Yes in - deed" __ in me. Pro - ceed with what you're __ lead - ing me __

__ to. It's such an

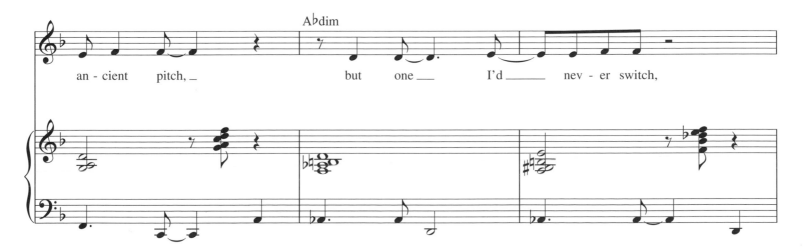

an - cient pitch, __ but one __ I'd __ nev - er switch,

SOMETHIN' STUPID

Words and Music by
C. CARSON PARKS

if we go some-place to dance,— I know that there's a chance— you won't be

leav - ing with me.____ And

af - ter - wards, we drop in - to a qui - et lit - tle place— and have a

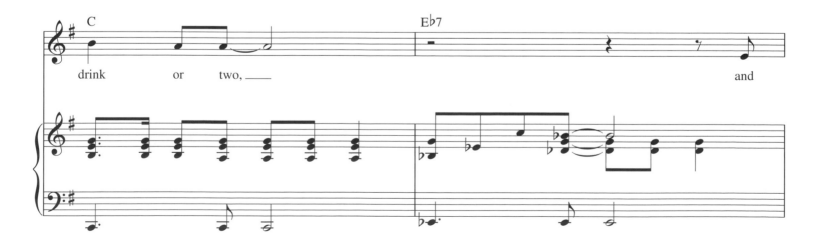

drink or two,____ and

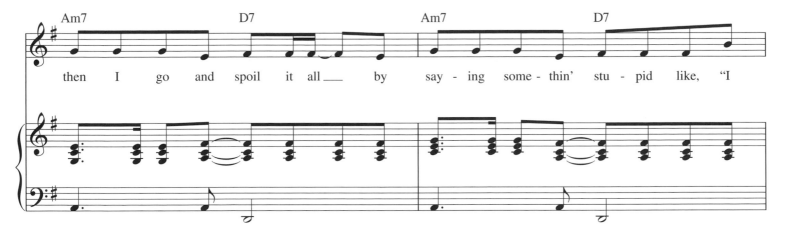

then I go and spoil it all ___ by say - ing some - thin' stu - pid like, "I

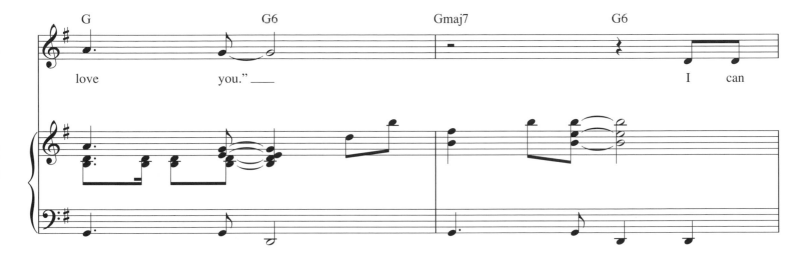

love you." ___ I can

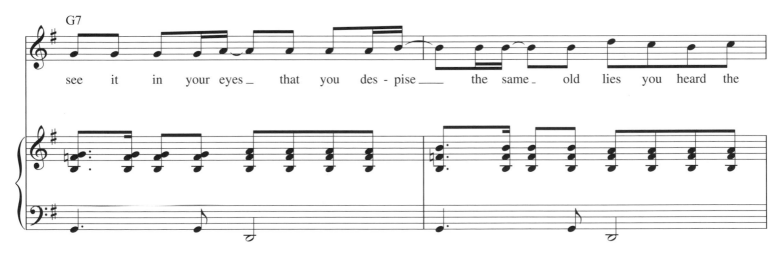

see it in your eyes ___ that you des - pise ___ the same ___ old lies you heard the

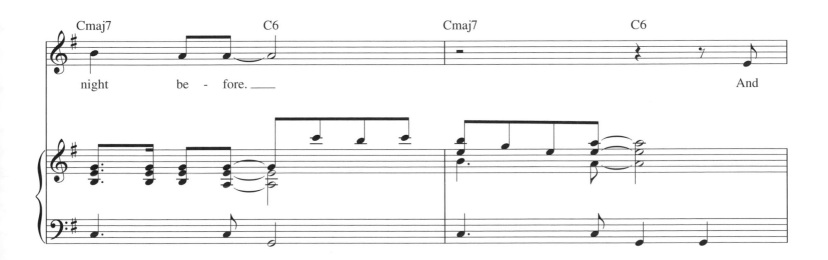

night be - fore. ___ And

though it's just a line___ to you, for me it's true; it nev - er seemed so___

___ right be - fore.___ I

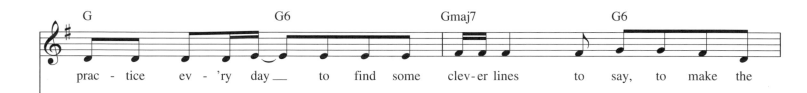

prac - tice ev - 'ry day___ to find some clev-er lines to say, to make the

mean - ing come through.___ But

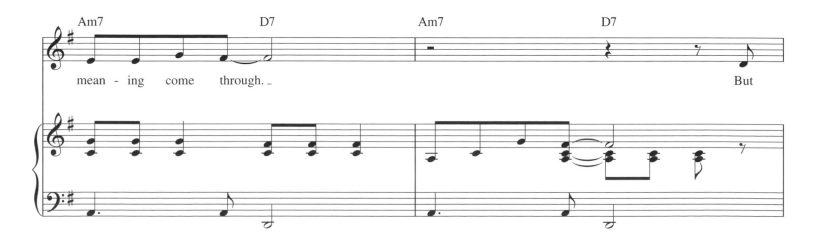

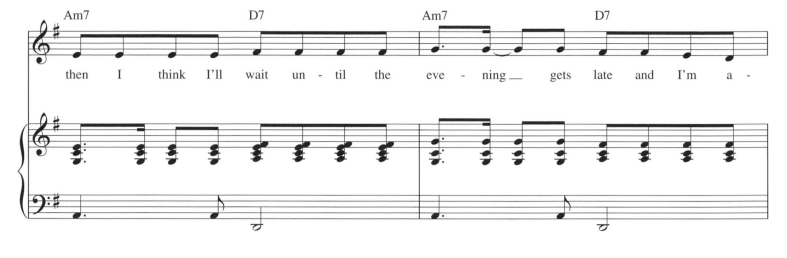

then I think I'll wait un-til the eve-ning — gets late and I'm a-

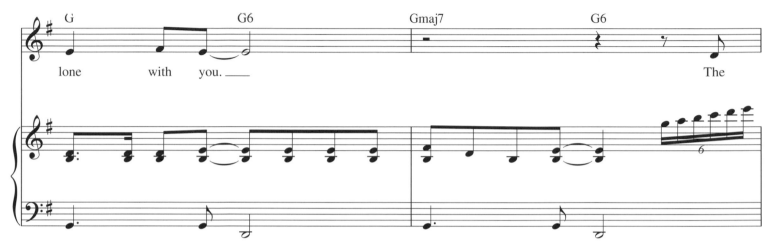

lone with you. ___ The

time is right, the per-fume fills my head, ___ the stars — get red, and oh, the

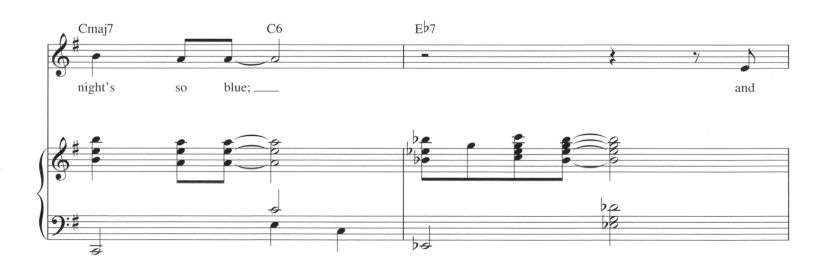

night's so blue; ___ and

then I go and spoil it all ___ by say-ing some-thin' stu-pid, like, "I

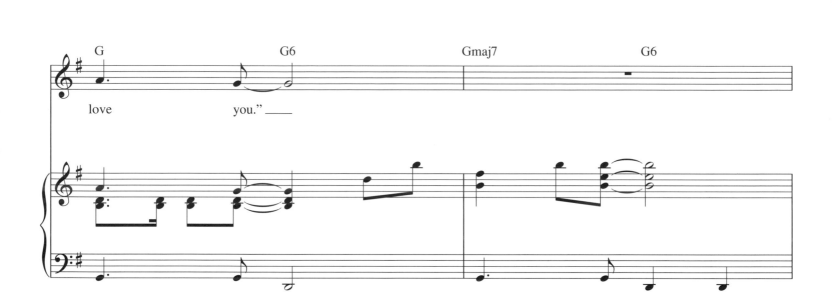

love you." ___

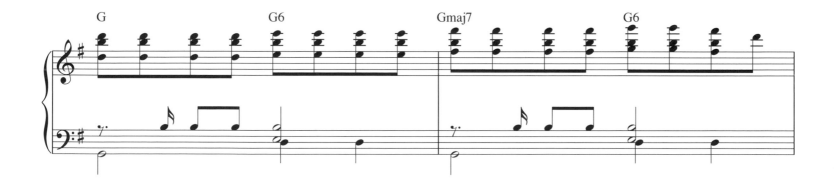

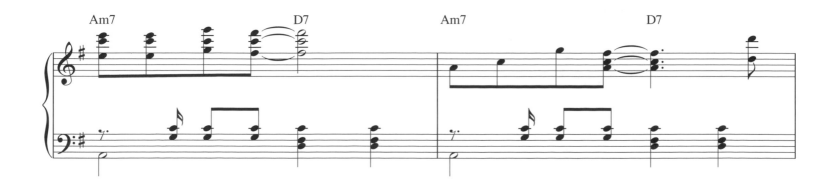

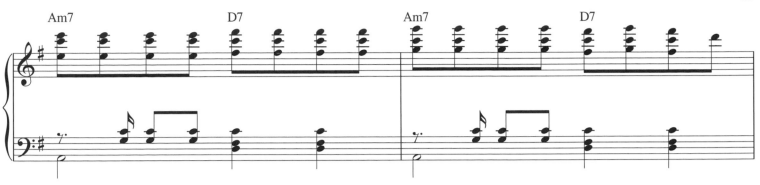

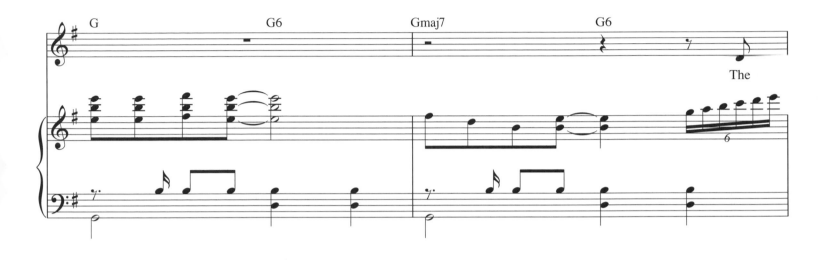

time is right, the per - fume fills my head, ___ the stars ___ get red, and all the

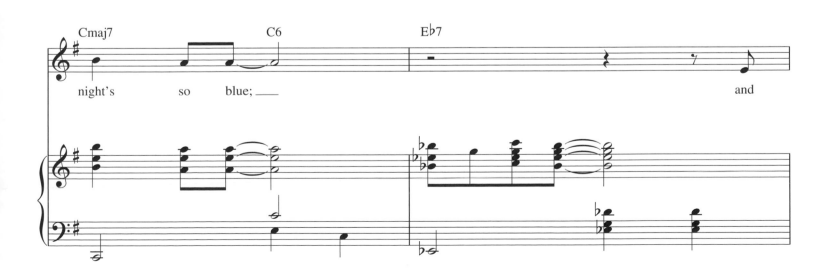

night's so blue; ___ and

Am7   **D7**   **Am7**   **D7**

then I go and spoil it all ___ by say - ing some - thin' stu - pid, like, "I

G   **Eb7**   **G**

love you." ___ I love you. ___

Eb7   **G**   **Eb7**

I love you. ___ I

G   **Eb7**   **G**

love you. ___ I love you. ___

THAT'S LIFE

Words and Music by DEAN KAY
and KELLY GORDON

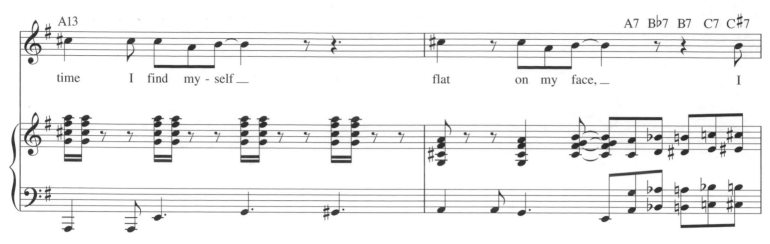

time I find my-self __ flat on my face, __ I

pick my-self up and get back in the race. __ That's

life. __ You know ___ I can't de-ny it.

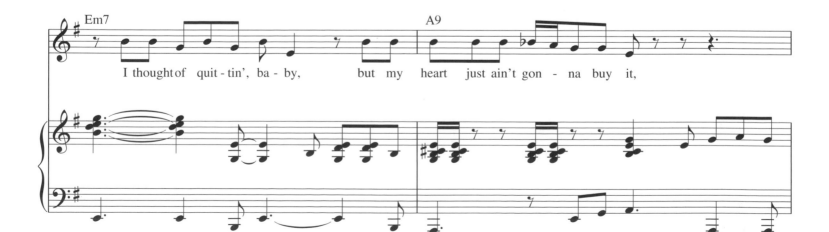

I thought of quit-tin', ba-by, but my heart just ain't gon-na buy it,

time I find my-self flat on my face, I

pick my-self up and get back in the race. __ That's __

__ life. __ Oh, __ you can't de-ny it,

but my heart just ain't gon-na quit, and it will not buy it.

I'VE GOT YOU UNDER MY SKIN

from BORN TO DANCE

Words and Music by
COLE PORTER

Moderate Swing (♪♪ = ♪♪)

I've

got   you _____   un - der   my ____ skin.

I've   got   you _____   deep   in   the

heart of ___ me, so deep ___ in my ___ heart,

that you're real - ly a part ___ of me. ___ I've _

___ got ___ you _____ un - der my _____ skin. ___

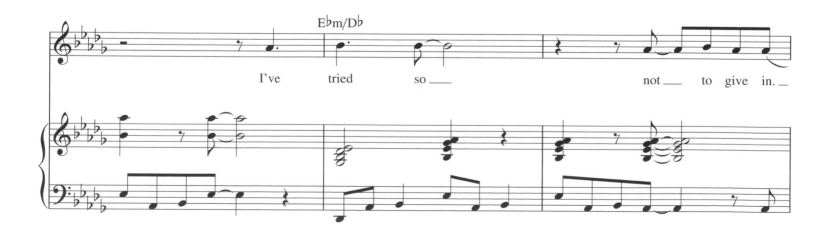

I've tried so ___ not ___ to give in. ___

I said ___ to my-self, __ "This af-fair ___

___ nev-er will go ___ so ___ well." ___ Oh, but

why should I try ___ to re-sist ___ when, ba-by, I know ___ so ___ well ___

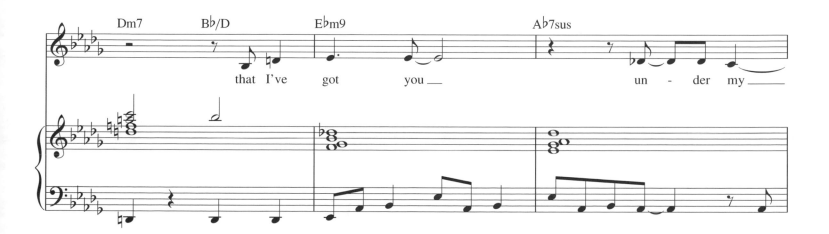

that I've got you ___ un - der my ___

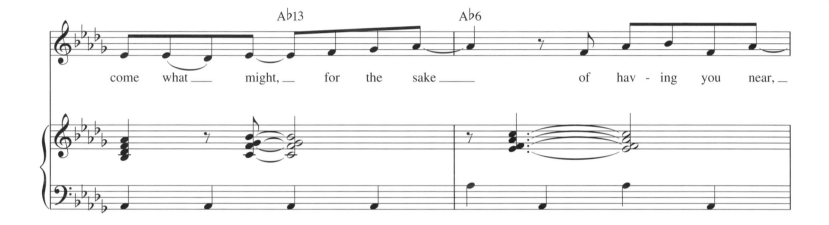

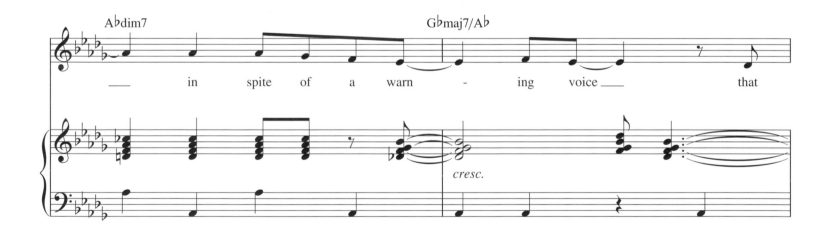

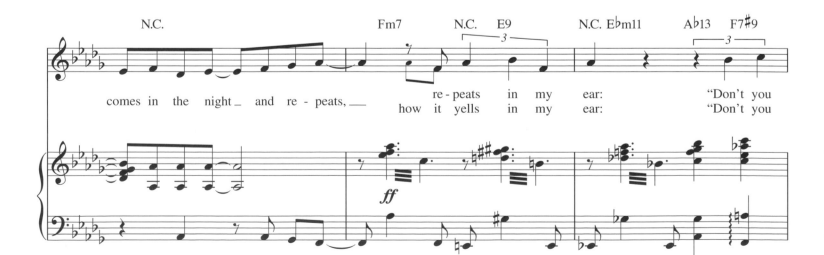

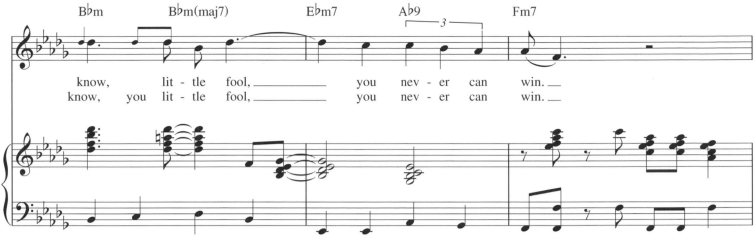

know, lit - tle fool, _____ you nev - er can win. __

know, you lit - tle fool, _____ you nev - er can win. __

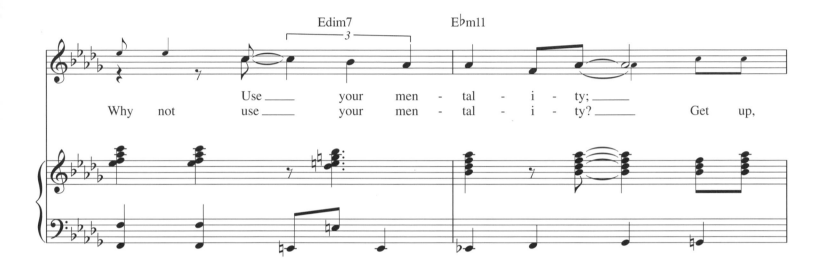

Use ____ your men - tal - i - ty; _____

Why not use ____ your men - tal - i - ty? _____ Get up,

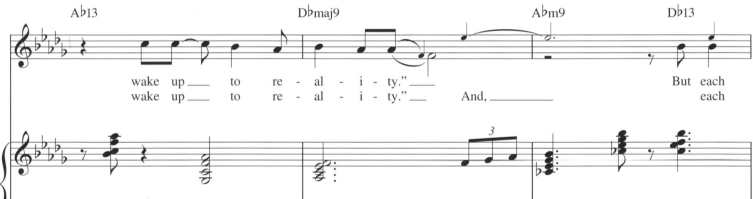

wake up ____ to re - al - i - ty." ____ But each

wake up ____ to re - al - i - ty." ____ And, _____ each

To Coda ⊕

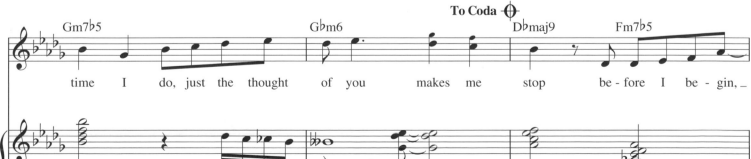

time I do, just the thought of you makes me stop be - fore I be - gin, _

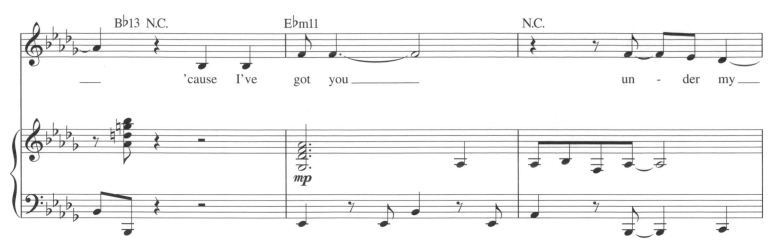

'cause I've got you _____ un - der my _____

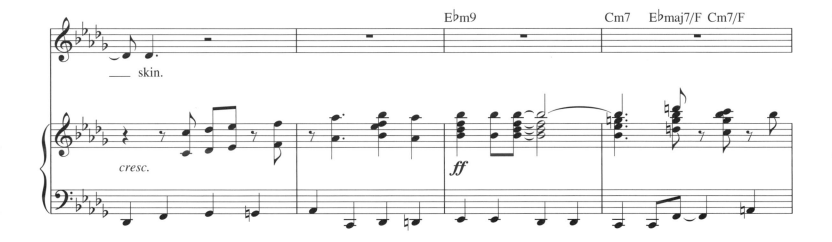

_____ skin.

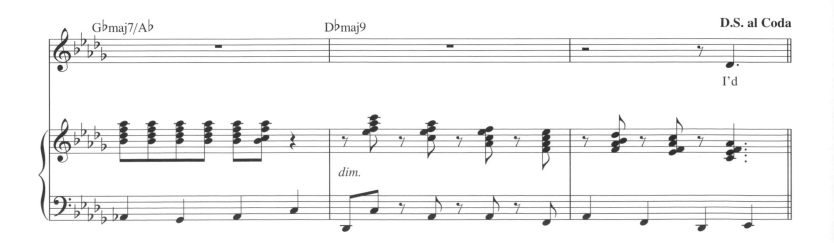

D.S. al Coda

I'd

CODA

D♭maj9　Fm7♭5　B♭13 N.C.　E♭m11

stop just be-fore I be-gin, ____ be-cause I've got you ____

N.C.　D♭6/9

un-der my ____ skin, ____ and I ____

G♭/A♭　G♭maj7/A♭　N.C.　G♭/A♭

____ like you ____ un-der my ____

Gm7♭5 G♭13　D♭maj9/F F♭13♯11　D♭/E♭ N.C.　D♭13♯11

____ skin. ____

BABY, IT'S COLD OUTSIDE
from the Motion Picture NEPTUNE'S DAUGHTER

By FRANK LOESSER

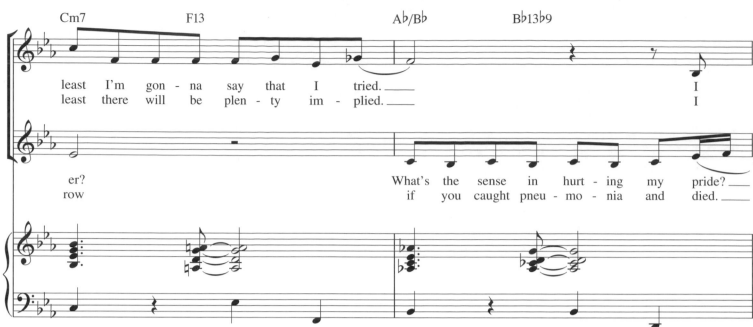

least I'm gon-na say that I tried. ____ I
least there will be plen-ty im-plied. ____ I

er? What's the sense in hurt-ing my pride? ____
row if you caught pneu-mo-nia and died. ____

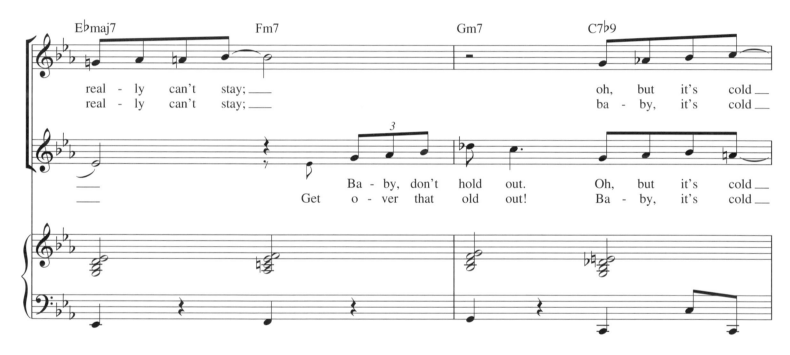

real-ly can't stay; ____ oh, but it's cold ____
real-ly can't stay; ____ ba-by, it's cold ____

____ Ba-by, don't hold out. Oh, but it's cold ____
____ Get o-ver that old out! Ba-by, it's cold ____

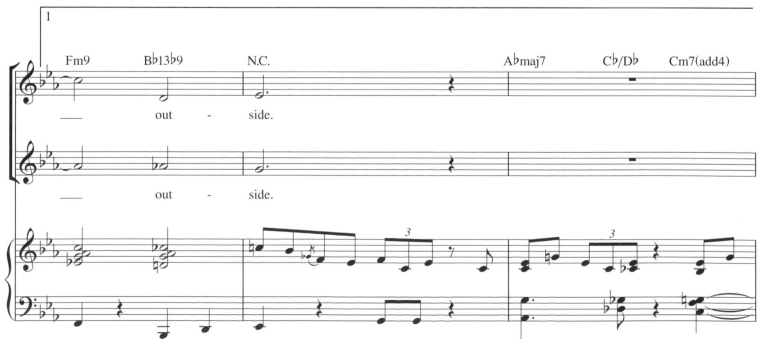

____ out-side.

____ out-side.

I'VE GOT THE WORLD ON A STRING

Lyric by TED KOEHLER
Music by HAROLD ARLEN

I've got the world _____ on a string, sit-tin'__ on a rain-bow;__ I've got the string a-round my fin - ger.

What a world, __ what a life, __ I'm in love.

I'd be a sil-ly so and ___ so ___ if I should ev-er let it go. ___

I've got the world ___ on a string and I'm

sit-tin' ___ on a rain - bow; got the string a-round my ___ fin - ger. ___

What a world, ___ what a life, ___ I'm in love.

D.S. al Coda

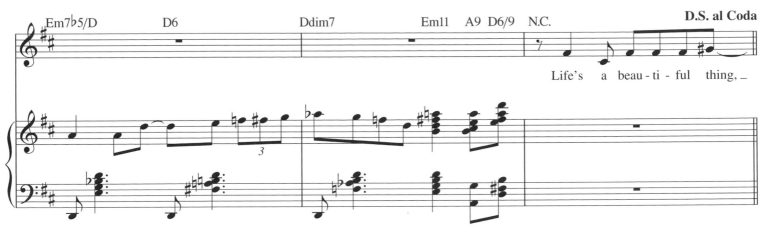

Life's a beau-ti-ful thing, _

CODA

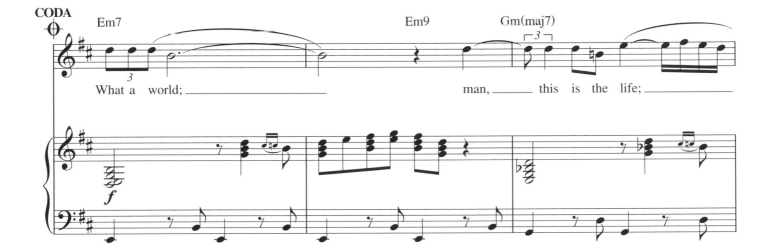

What a world; _____ man, _____ this is the life; _____

yeah, __ ba-by, I'm _____ in love. _____

I GET A KICK OUT OF YOU
from ANYTHING GOES

Words and Music by
COLE PORTER

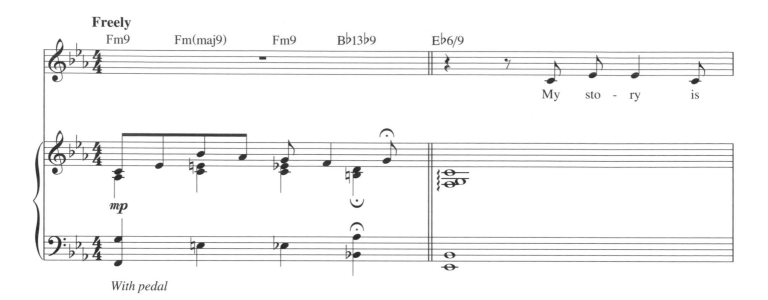

Freely

With pedal

My sto-ry is

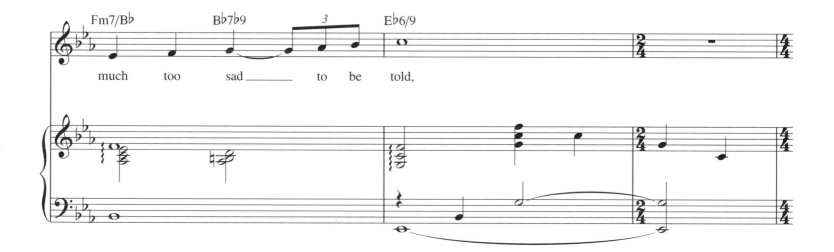

much too sad ____ to be told,

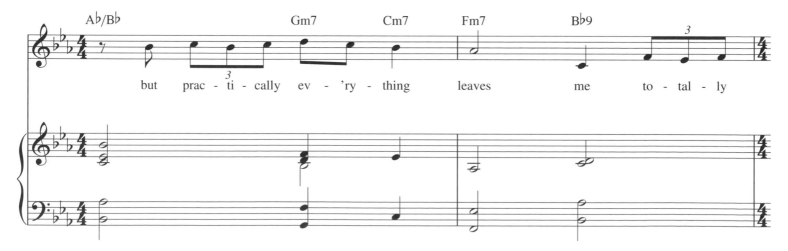

but prac-ti-cally ev-'ry-thing leaves me to-tal-ly

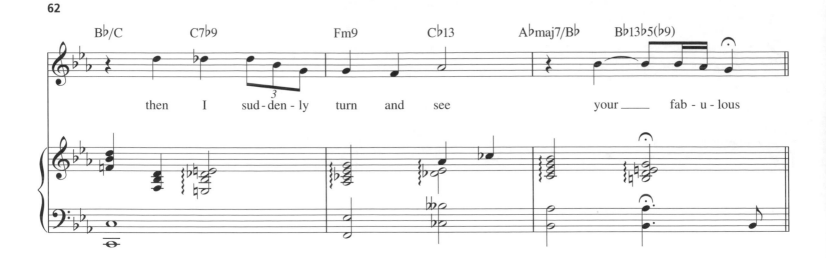

then I sud-den-ly turn and see your _____ fab-u-lous

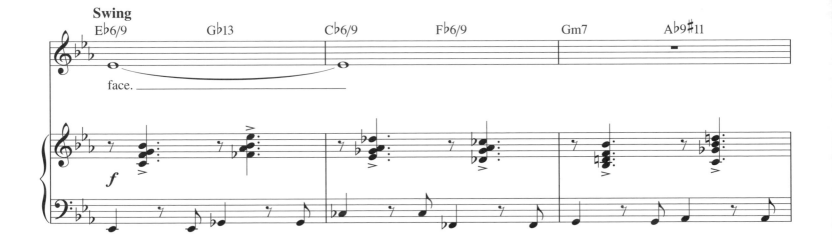

face. _____

I get no kick _____ from cham-

pagne; mere al-co-hol _____

doesn't thrill me at all.

So tell me why should it be true

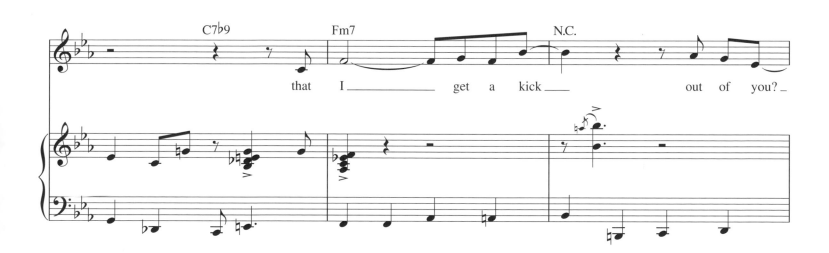

that I get a kick out of you?

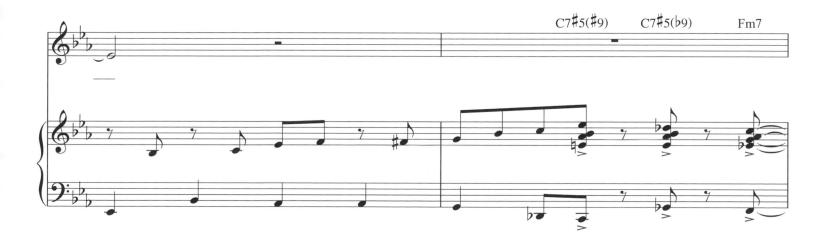

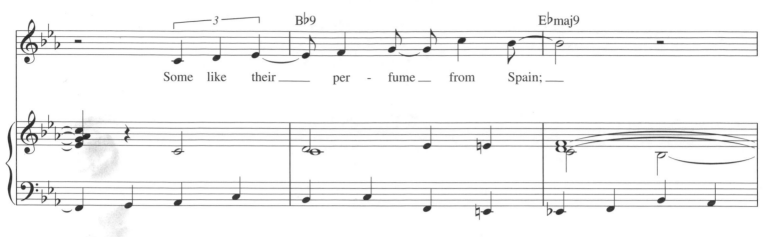

Some like their ___ per - fume ___ from Spain; ___

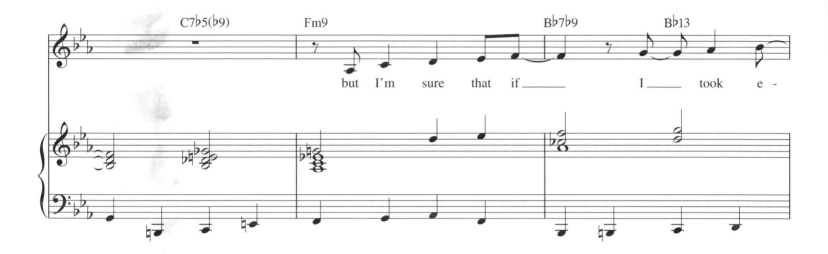

but I'm sure that if ___ I ___ took e -

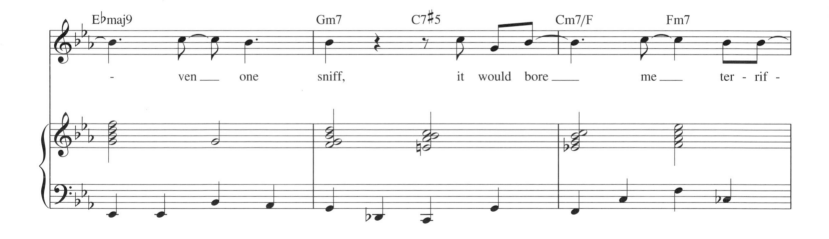

- ven ___ one sniff, it would bore ___ me ___ ter - rif -

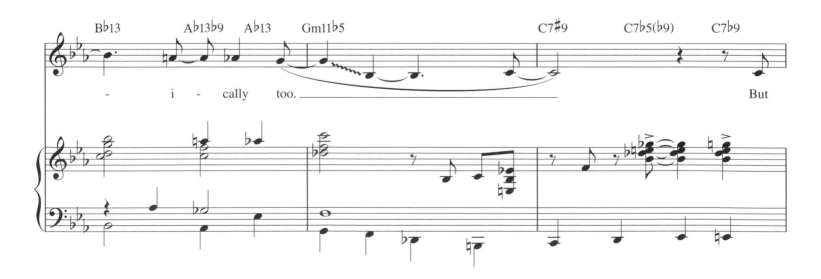

- i - cally too. ___ But

I _____ get a kick ____ out of you. ____

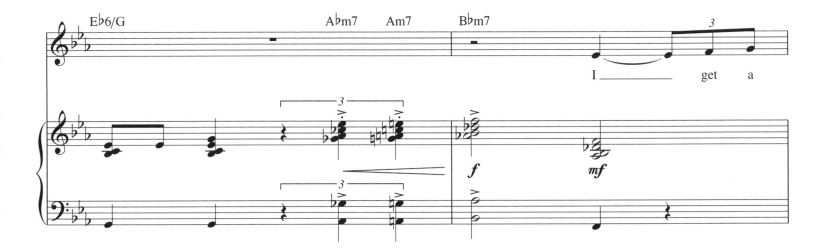

I _____ get a

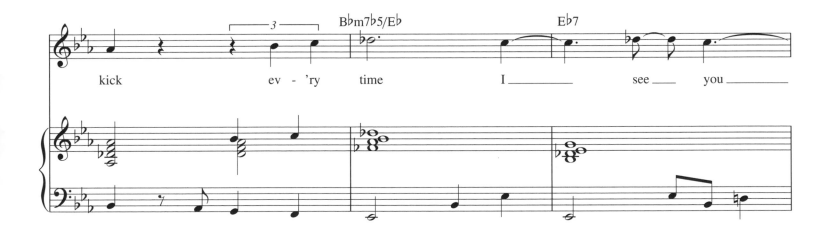

kick ev - 'ry time I _____ see ____ you _____

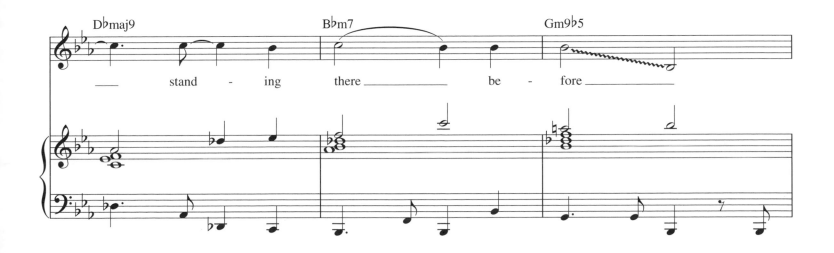

____ stand - ing there _____ be - fore _____

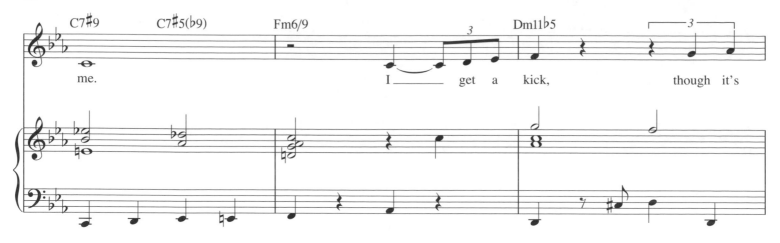

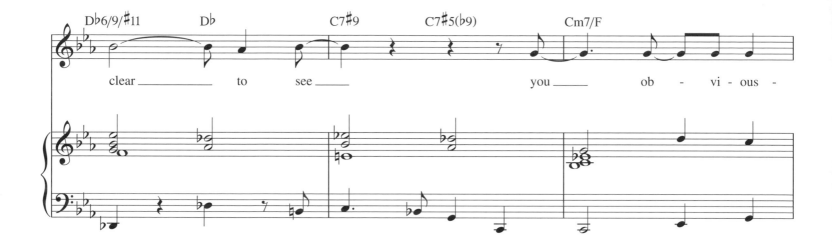

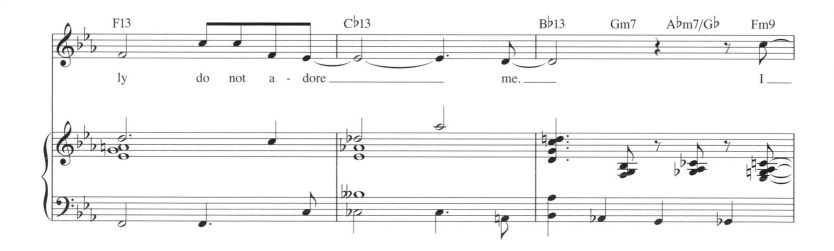

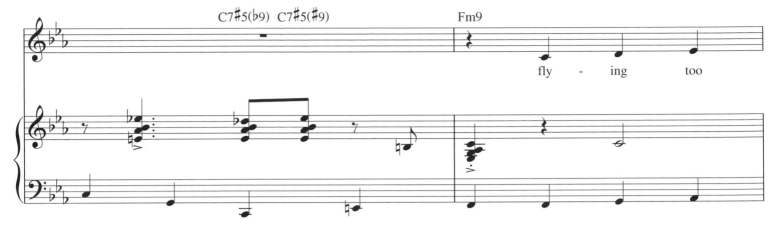

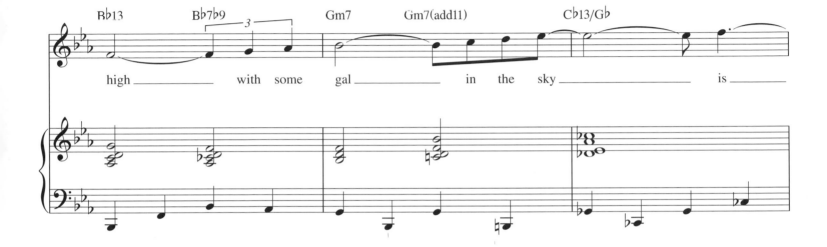

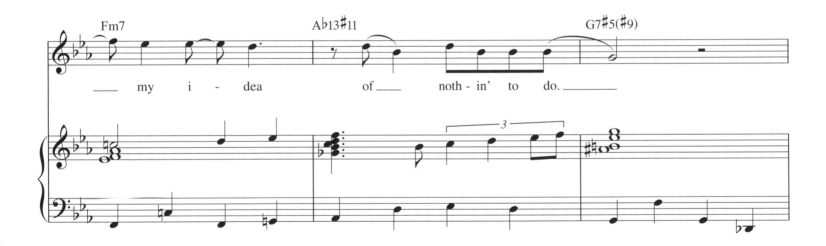

mm, you give me a boot, _____ ba - by;

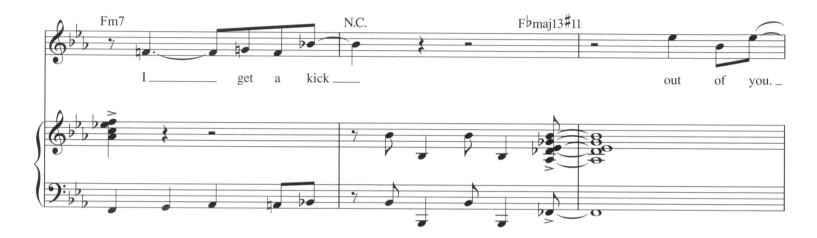

I _____ get a kick _____ out of you. _

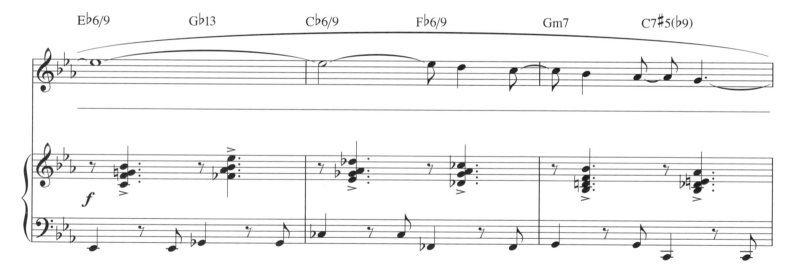

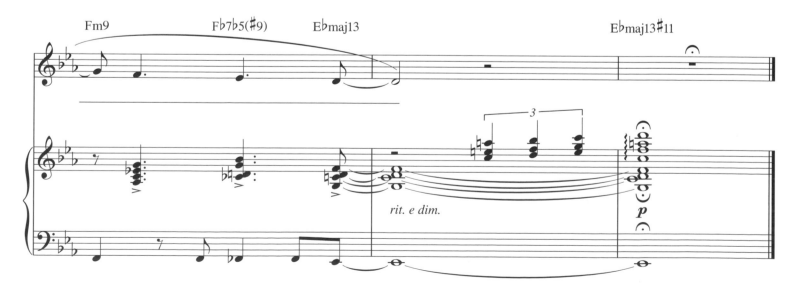

FLY ME TO THE MOON

(In Other Words)

featured in the Motion Picture ONCE AROUND

Words and Music by
BART HOWARD

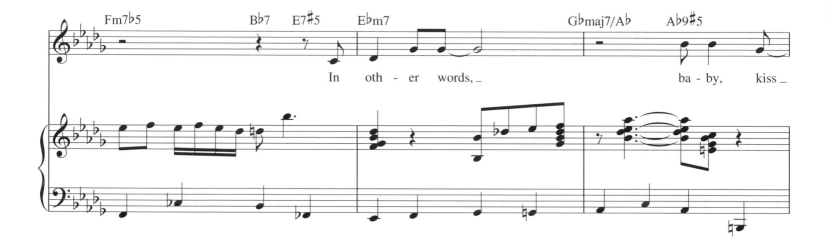

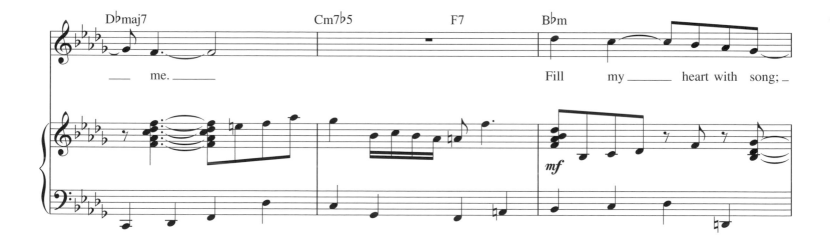

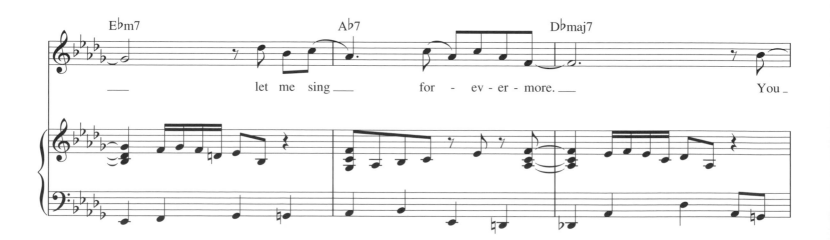

are all I long for, _____ all I wor-ship and a-dore. _

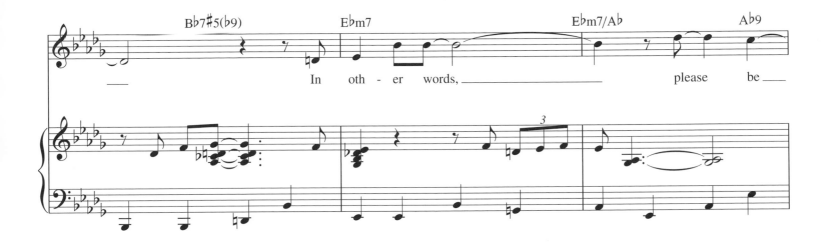

In oth-er words, _____ please be _

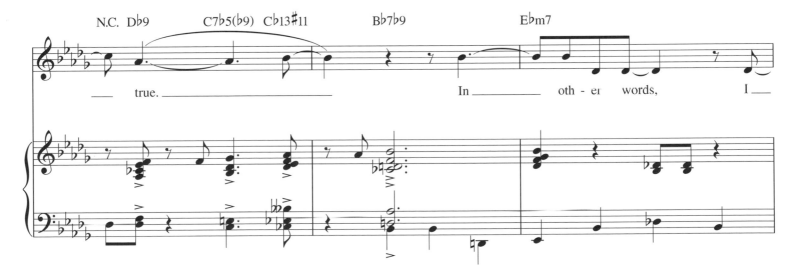

_ true. _____ In _____ oth-er words, I _

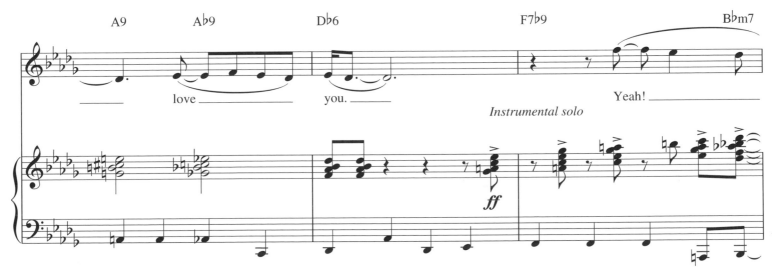

_ love _____ you. _____ Yeah! _____

Instrumental solo

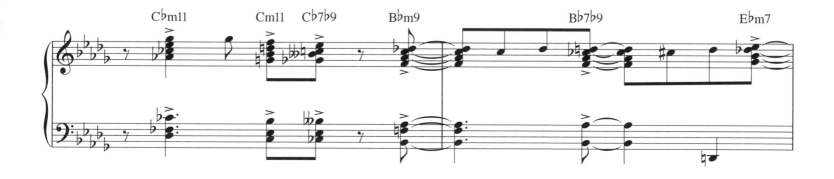

73

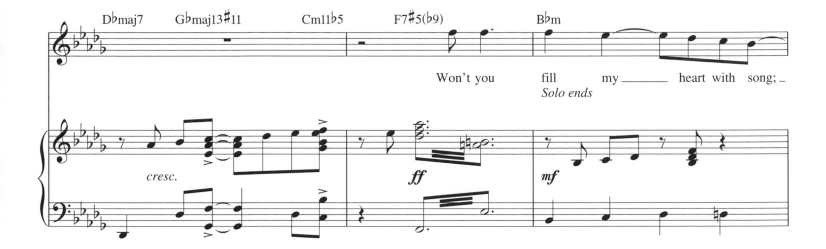

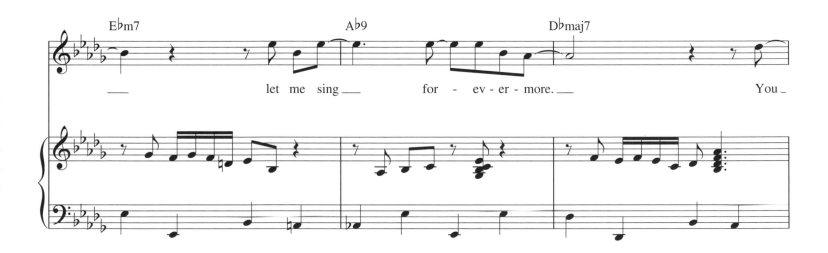

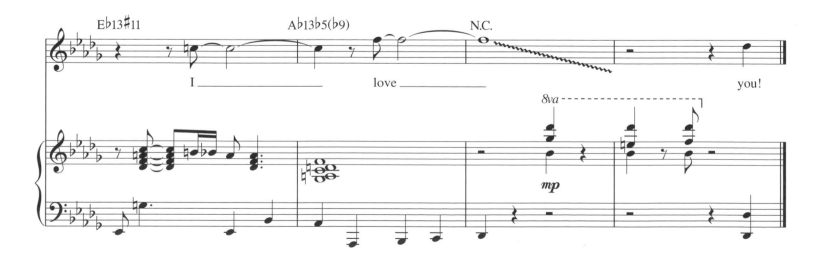

MY WAY

English Words by PAUL ANKA
Original French Words by GILLES THIBAULT
Music by JACQUES REVAUX and CLAUDE FRANCOIS

the blows and did it my

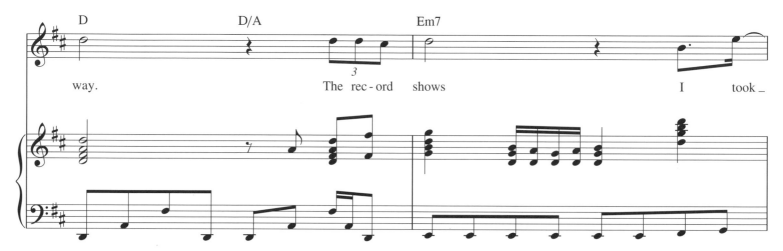

way. The rec-ord shows I took

Slowly, freely

the blows and did it my way.

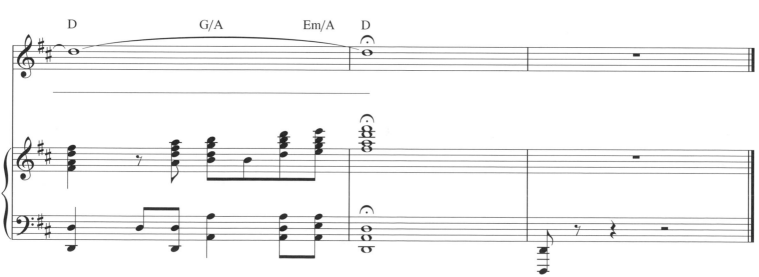